DE L'ACCUSATION

INTENTÉE

CONTRE LES MINISTRES.

PAR QUELLE LOI ET PAR QUEL TRIBUNAL

ILS DOIVENT ÊTRE JUGÉS.

Par M. le comte de Montlosier.

A PARIS,

CHEZ DUFÉY, LIBRAIRE,

RUE DES BEAUX-ARTS, N° 14.

1830.

De l'Accusation

INTENTÉE

CONTRE LES MINISTRES.

PAR QUELLE LOI ET PAR QUEL TRIBUNAL

ILS DOIVENT ÊTRE JUGÉS.

§ Ier.

Considérations générales.

NOTRE dernière révolution a été glorieuse; elle nous a procuré de grands avantages, elle nous a laissé aussi des dangers.

Par le même effort qui a rompu les liens du despotisme, quelque chose des liens sociaux a été ébranlé.

Le mouvement violent qui a été imprimé aux hommes et aux choses commande en ce moment notre attention; il réclame tous nos soins.

Et cependant voilà qu'une affaire particulière nous arrive comme un nouvel accident pour entraver notre marche.

Lorsqu'il nous faut avec hâte, et cependant avec méditation, ranimer dans plusieurs parties de l'Etat la vie qui s'y trouve arrêtée ou suspendue : lorsqu'il nous faut recomposer notre loi électorale, organiser nos conseils de département et nos conseils municipaux, s'occuper pour le budget de modifications importantes commandées par les circonstances, faut-il que des hommes, reste d'une faction que la dernière révolution a foudroyée, viennent envahir à eux seuls toutes nos pensées, nous détourner de tous nos travaux, en nous entraînant pour les juger dans les formes lentes et solennelles d'une longue procédure juridique ?

Oui sans doute, si cela est nécessaire.

On ne peut se dissimuler que cette affaire ne soit d'une telle conséquence, que rien ne doit y être omis de ce qui peut éclairer la justice et contribuer à la défense des prévenus. Ainsi, tant que l'instruction, qu'en pareil cas on cherche à établir, ne sera pas complète, tant que le corps du délit ne sera pas pleinement constaté, tant que les coupables ne seront pas pleinement reconnus et convaincus, il n'y a pas à balancer; que le procès se poursuive dans toutes les règles; sacrifions pour cela, s'il le faut, nos autres affaires et tout notre temps.

Mais si on peut dire que la cause est déjà suffisamment et surabondamment instruite, si le corps de délit a déjà été suffisamment et surabondamment constaté, si les coupables sont reconnus et convaincus, si le tribunal D'ÉTAT, qui a déjà connu de la conspiration, s'est cru compétent pour prononcer non seulement sur le fond, mais sur plusieurs de ses parties; si si nous avons pour exemple un jugement semblable porté en 1815, dans un cas qui présente quelque analogie *, on peut croire que, sans autre forme de procès, la Chambre des Députés, appuyée en cela de la Chambre des Pairs, pourrait, par une simple loi d'Etat, prononcer sur ce point, comme elle a déjà prononcé à d'autres égards.

Cette considération présente d'autant plus d'importance, qu'elle semble commandée par

* La loi qui exile les régicides.

la pratique même de notre procédure criminelle. Lorsqu'une affaire portée à un tribunal, quel qu'il soit, a déjà été saisie au principal, ce principal appelle à lui tous les accessoires. Ils s'y trouvent évoqués de droit.

Dans l'espèce actuelle, le corps du délit se compose manifestement du projet d'anéantir nos libertés, par le renversement de la constitution. Pour arriver à ce but, comme on voulait fausser la Chambre des Députés, en composant de force une nouvelle loi d'élection, le plan avait été de commencer à fausser la Chambre des Pairs, en y portant tout à coup quatre-vingts membres nouveaux. En vertu d'une loi d'Etat, les deux Chambres, siégeant en tribunal, ont su faire justice de ces élémens de conspirations. Elles ont prononcé contre le Roi et sa famille la déchéance du trône; elles ont prononcé la même déchéance contre tous les nouveaux Pairs, qu'elles ont regardés indirectement comme complices; enfin elles ont prononcé contre plusieurs articles même de la Charte, dans lesquels elles ont vu un élément de la conspiration présente, ou des facilités pour des conspirations à venir.

Cette situation, à mon avis, mérite d'être étudiée; elle me paraît devoir être bien connue, car elle détermine, dans l'espèce actuelle, relativement aux accusés, les plus graves et les plus sérieuses conséquences.

§ II.

Dans les circonstances actuelles, les ministres prévenus ne peuvent être jugés ni par la loi, ni par le tribunal ordinaire.

Si la loi, dans ses rapports avec l'accusation actuelle, a été dénaturée et déplacée; si le tribunal qui, dans l'ordre ordinaire des choses, est réputé compétent pour juger ces sortes de délits, a été de même dénaturé et déplacé, il est clair que c'est à une autre loi et à un autre tribunal qu'il faut avoir recours.

Et d'abord, si j'examine l'article 13 de la Charte, devenu aujourd'hui l'article 12, j'y trouve la disposition suivante :

La personne du Roi est inviolable et sacrée.

Immédiatement après, il est ajouté :

Les ministres sont responsables.

Evidemment ces deux articles sont connexes. Les ministres qui obéissent au Roi ne sont responsables que parce que le Roi ne l'est pas.

On veut frapper les ministres, parce qu'on ne peut pas et on ne veut pas frapper le Roi. La volonté du législateur et celle de toute la France a été que le crime de trahison ou de conspiration contre l'Etat ne fût puni et recherché que dans un ordre de personne. De cette manière, la vindicte publique a été jugée satisfaite.

Dans l'espèce actuelle, tout ce système a été renversé. Vous avez jugé le Roi qui ne devait pas être jugé; vous avez frappé le Roi qui ne devait pas être frappé. Pourquoi cela? La raison en est simple.

Par une fiction la plus heureuse et tout-à-fait nécessaire au salut des Etats, il a été généralement convenu que le Roi ne peut être coupable. On a dit plus : *Le Roi ne peut faire du mal.* Encore que cette fiction ne soit qu'une fiction, la volonté des nations est de se faire illusion sur ce point, autant qu'il est possible.

Dans l'occurrence actuelle, le délit commis par le Roi s'est montré avec une telle évidence dans la personne du Roi, que l'illusion n'a plus été possible. La fiction alors a disparu; par là même, sans s'occuper à attaquer le délit dans la personne des ministres, on l'a attaqué dans la personne même du Roi.

Au moyen de cette interversion, qui a changé les dispositions de la loi, les ministres sont-ils encore accusables, lorsque le Roi a été accusé? Oui sans doute, ainsi que je le montrerai bientôt; mais certainement ce ne peut plus être en vertu de l'article 12 ou 13 de la Charte constitutionnelle. Cet article a perdu son sens et son application.

Je crois qu'il faut raisonner de même relativement à l'article 14. Cet article, dont les ministres prévenus ont abusé en ce qui concerne la faculté de rendre des ordonnances *pour la sûreté de l'Etat*, n'a pas seulement été altéré, la disposition entière a disparu. Cela rend impossible, comme on va voir, une accusation poursuivie dans la règle ordinaire.

En effet, le segment dont il s'agit n'a été supprimé par la Chambre des Députés que comme vicieux ou comme équivoque. Comme *vicieux*, la loi elle-même aurait été vicieuse. C'est la loi alors qu'il faut accuser; ce ne sont pas les ministres. Comme *équivoque*, la Chambre des Députés aurait jugé par là que cet article était susceptible d'une fausse interprétation. Dans ce cas, les ministres pourraient tout au plus être accusés d'erreur, et non pas de trahison.

La loi par laquelle on voudrait accuser et

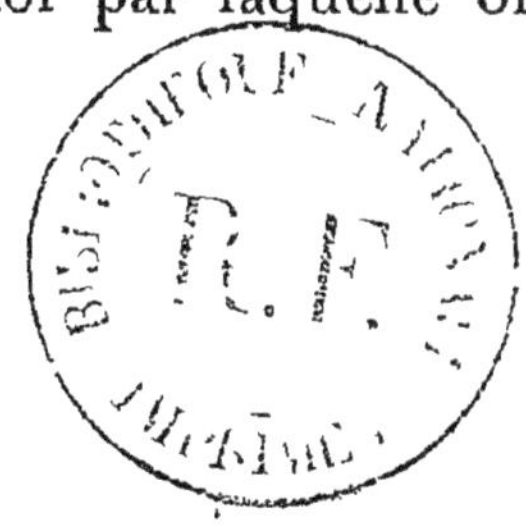

poursuivre les ministres est devenue, comme on voit, inapplicable à l'accusation; le tribunal où, selon les règles ordinaires, l'accusation serait dans le cas d'être portée, est devenu de même incompétent.

En effet, par un article de la Charte intitulé *Dispositions particulières*, quatre-vingts juges * contemporains du délit, et qui alors étaient reconnus par les deux Chambres comme juges légitimes et compétens, ont été éloignés de la Chambre des Pairs. En point de vue de haute politique, cette mesure a reçu l'approbation générale; en point de vue de justice ordinaire appliquée au profit de l'accusation et au détriment des accusés, cette mesure prend une couleur effrayante; elle frappera en improbation beaucoup de consciences, et au moins toutes les délicatesses.

§ III.

Par quelle loi et par quel tribunal les ministres doivent-ils être jugés?

Qu'on ne me blâme pas de l'espèce de sévérité que je parais apporter dans l'examen de

* Même cent

cette grande cause et de la procédure qui est sur le point d'y être appliquée. Quand il s'agit de la vie des citoyens, cette sévérité est la première garantie de la justice, car elle est elle-même une justice. Quoi qu'on pense des prévenus, qui me paraissent à moi de grands coupables, tout ce qu'il peut y avoir de faveur dans les rigueurs des formes leur appartient. Ce serait une grande injustice, en prétendant leur rendre justice, que de les en priver. Dans des temps malheureux il y a eu des tribunaux qui, avec une apparence de formes légales, même de jurés, ont rendu des jugemens qu'on a appelés avec raison des massacres. Ici, si on veut suivre envers les accusés les formes ordinaires de la procédure, il faut le faire avec franchise. Il faut observer envers eux la loi tout-à-fait, ou s'en écarter tout à fait. Je vais prouver qu'on peut le faire sans s'écarter pour cela des règles de l'équité.

Et d'abord, le corps du délit est patent. De la manière dont se composent les sociétés en général, on y aperçoit la loi appuyée, quand cela lui est nécessaire, de la puissance des armes; on y voit aussi les armes appuyées pour l'ordinaire de la puissance et des dispositions de la loi. S'il arrive que les armes veuillent se séparer de la puissance de la loi et se révolter contre elle, la loi pourra appeler les citoyens et les armer pour sa défense.

C'est ce qui est arrivé. En dirigeant ses armes contre la loi, le Roi, sans doute, a été le premier et le plus grand coupable; il l'a été avec évidence. Pourtant, il ne l'a pas été seul. On accuse les ministres, ils se sont accusés eux-mêmes. Eux-mêmes ont déclaré dans leur rapport au Roi qu'ils ne voulaient plus demeurer dans les termes de la Charte.

« Nous ne sommes plus dans les conditions » ordinaires du gouvernement représentatif. »

Ils ont encore déclaré de même qu'ils voulaient se placer en dehors de la loi.

« Le moment est venu de recourir à des mesures qui sont en dehors de l'ordre légal, » dont toutes les ressources ont été inutilement » épuisées. »

Le 25 juillet, des ordonnances ont paru en conformité à ce rapport; le 27, le 28 et le 29 juillet, des mesures de coaction ont été ordonnées par eux, conformément aux ordonnances. D'après cela qu'est-il besoin d'instruction? elle est complète. Qu'est-il besoin d'interrogation? l'aveu des accusés est acquis.

De même qu'il n'y a pas de doute sur le

corps du délit et sur la culpabilité des prévenus, il n'y en a pas davantage sur le caractère du tribunal qui a à prononcer la peine. Le tribunal qui a déjà prononcé la déchéance du Roi, qui a ordonné l'élimination des quatre-vingts nouveaux Pairs, qui a réformé de sa haute et suprême autorité, ou modifié plusieurs articles de la Charte, ce tribunal est appelé par suite et tout naturellement à prononcer sur un reste de complices et de coupables. A leur égard la loi ordinaire et le tribunal ordinaire, démantelés par les circonstances, ne leur sont plus applicables. Mais la loi d'Etat et la puissance d'Etat restent; c'est à elles à prononcer.

CONCLUSION.

Si le procès continue à être suivi dans les formes qu'on paraît avoir adoptées, l'accusation portée à la Chambre des Députés arrivera à la Chambre des Pairs. Là les accusés seront jugés définitivement pour avoir violé des lois que la Chambre des Députés a jugées elle-même défectueuses ou équivoques. Ils seront jugés à la suite d'un triage de quatre-vingts Pairs qui pouvaient leur être favorables, et dont ils seront privés. Ils seront jugés, attendu que le Roi étant inviolable, ce sont les ministres qui sont responsables de ses fautes, et pourtant l'inviolabilité du Roi aura été enfreinte. La loi a voulu qu'il n'y eût qu'un ordre de personnes accusables; il y en aura deux. Le procès poursuivi ainsi, les ministres accusés seront condamnés à mort. Cela doit être. La société a besoin d'une garantie. Dans l'espèce, ni le Roi, ni la Chambre des Pairs n'ont le pouvoir de faire grâce. Une belle révolution à la suite de laquelle on espérait voir élever des colonnes, se terminera alors par des échafauds. Dans un drame qui a eu tant de scènes sublimes le dernier acteur sera le bourreau

Que ces hommes dont la faiblesse, l'impéritie et l'incivisme ont voulu et failli nous perdre, soient jugés et punis par la loi d'Etat. Qu'on nous délivre au plus vite de leur présence. Qu'on nous fasse grâce aussi de leur mort. Leur sang et leur souffle souilleraient également notre territoire.

IMPRIMERIE LE NORMANT FILS, RUE DE SEINE, N° 8, F. S. G.

HISTOIRE

DES

DUCS DE BOURGOGNE,

PAR M. DE BARANTE.

13 vol. in-8°, prix : 84 f.

HISTOIRE

DE

PHILIPPE-AUGUSTE,

PAR M. CAPEFIGUE.

4 vol. in-8°, prix : 30 f.

HISTOIRE

DES

DUCS DE BRETAGNE,

PAR M. DE ROUJOUX.

4 vol. in-8°, prix : 30 f.

www.ingramcontent.com/pod-product-compliance
Ingram Content Group UK Ltd.
Pitfield, Milton Keynes, MK11 3LW, UK
UKHW020501220726
13923UKWH00006B/2681